I0482939

Las Redes Sociales

en la

Empresa

Rubén Montero Torres

ISBN: 978-1500118082

TABLA DE CONTENIDOS

INTRODUCCIÓN

Algunos de los mensajes o twees mas populares se tweetean por empresas y negocios. Potentes marcas como Coca Cola y McDonalds cuentan con páginas en Facebook con millones de fans. Los medios como las redes sociales hacen que sea cada vez más importante para las empresas asegurarse de la exposición de la imagen de marca y su mensaje. Junto con la televisión, radio y prensa escrita, los medios sociales son parte del ecosistema de las comunicaciones que trabajan juntos para crear una experiencia agradable y sin problemas a los consumidores a través de múltiples canales. Del mismo modo, las comunicaciones integradas de marketing están incorporando cada vez más las redes sociales en la mezcla de promoción para llegar a los consumidores en la web y en los dispositivos móviles.

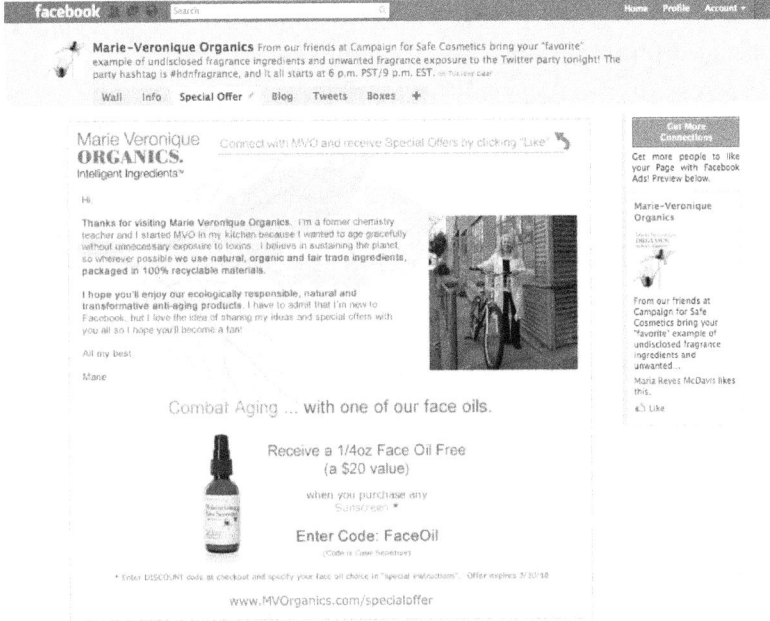

Página de Negocios en Facebook

Autenticidad de Marca

La explosión de los sitios web de medios sociales y su creciente importancia en las comunicaciones de marketing han dado a luz a la práctica de marketing en medios sociales. En los medios de comunicación social los programas de marketing, por lo general, centran sus esfuerzos en crear contenido que atraiga la atención y anime a los lectores a compartirlo en sus redes sociales. El mensaje corporativo de una marca se transmite de un usuario a otro y, presumiblemente, se extiende porque parece proceder de una fuente de confianza, en lugar de la marca o la empresa misma. Las redes sociales y los blogs permiten a los seguidores individuales retweetear o volver a publicar los comentarios realizados por el producto a ser promovido.

Al repetir el mensaje, el circulo de amigos del usuario son capaces de ver el mensaje, por lo tanto, llega a más personas. Debido a la viralidad de las redes sociales, las empresas suelen utilizar las redes sociales para promocionar productos y servicios a través del boca-a-boca. A medida que la información sobre la marca se transmite y repite a través de la red social, más tráfico se lleva a la página web de la compañía. Esto da como resultado medios gratuitos en lugar de los medios de pago, sirviendo como un generador y creando publicidad favorable para la marca.

Consumer Intelligence

Los medios sociales permiten a los vendedores refinar su estrategia de segmentación para llegar a un público objetivo más estrecho. Por ejemplo, Pinterest, una de las redes sociales en que su base de usuarios es mayoritariamente femenina, atrae a las empresas que se dirigen principalmente a las mujeres.

Las redes sociales también revelan grandes cantidades de información acerca del interés en los productos y servicios. Hoy en día, una nueva semántica, análisis y tecnologías permiten a los vendedores detectar señales de compra basadas en el contenido en línea compartido y publicado. La comprensión de estas señales de compra puede ayudar a los profesionales de ventas a dirigirse a un grupo de personas relevante y hacer campañas microtargeted.

Compromiso Publicidad y PR

Los medios sociales en los negocios permiten a cualquier persona en todo el mundo, expresar y compartir una opinión o idea en algún lugar de la compañía en el mercado. A través de los sitios de redes sociales, las marcas pueden tener conversaciones e interaccionar con los seguidores individuales. Esta interacción personal puede inculcar y fortalecer la lealtad a la marca entre seguidores y clientes potenciales. De este modo, cada cliente se convierte en parte del departamento de marketing, ya que otros clientes leen sus comentarios u opiniones.

Facebook y otras redes sociales a menudo se utilizan para sintonizar conversaciones con los clientes y así rápidamente advertir al servicio al cliente de sus problemas y preocupaciones. Sin embargo, estas conversaciones también pueden ser reutilizadas a través de los medios sociales adicionales y canales corporativos. Las marcas a menudo utilizan los medios sociales para transformar comentarios de clientes y testimonios en contenido relevante y atractivo para la venta personal, publicidad y otras tácticas promociónales. Escuchar a los medios sociales también ayuda a las empresas a mantenerse en sintonía con su público y acrecentar el sentimiento sobre su marca. Mediante el seguimiento y el análisis de las conversaciones en los medios sociales, las relaciones públicas profesionales pueden detectar problemas oportunamente y evitar que la publicidad negativa se convierta en auténticas crisis.

Este proceso de participación es fundamental para integrar con éxito las redes sociales en las estrategias de comunicación de marketing. Las organizaciones pueden utilizar las redes sociales para incrementar las comunicaciones de forma rentable a través de la mezcla de promoción, el fomento del conocimiento de la marca y, a menudo, mejorar el servicio al cliente.

CARACTERÍSTICAS DEL MARKETING DIGITAL

El marketing digital se define como el uso de dispositivos conectados a Internet, como ordenadores, tablets, teléfonos inteligentes y consolas de juegos para atraer a los consumidores con publicidad en línea. Uno de los principios clave del marketing digital es la creación de una experiencia de usuario sencilla, sin fisuras y conveniente para la audiencia objetivo. Asimismo, eliminar el esfuerzo por parte de los consumidores ayuda a establecer una relación continua y automatizada entre las marcas y sus usuarios.

Pull Digital Marketing

El pull digital marketing se caracteriza por los consumidores que buscan activamente el contenido de marketing. Los consumidores pueden usar tácticas que incluyen los motores de búsqueda, boletines por correo electrónico, mensajes de texto o vínculos web para buscar información sobre la marca. Las tecnologías push entregan contenido a medida que esta disponible y están mejor orientadas al consumidor. Sin embargo, el microtargeting tiende a producir audiencias más pequeñas y el aumento de los costos de creación y distribución de las campañas.

Algunos sitios web, blogs y medios de streaming (audio y vídeo) son ejemplos de pull digital marketing. En cada uno de estos canales, los usuarios deben navegar a la página web para ver el contenido. Corresponde a los vendedores crear contenido digital - texto, imágenes, vídeos y audio - que sea relevante y lo suficientemente cautivante para atraer a los visitantes de la web, aumentar las visitas y mejorar el posicionamiento en los buscadores.

La construcción de comunidades en línea en sitios de medios sociales relacionados, tales como Facebook y YouTube es otra táctica utilizada por las marcas para aumentar el número de interacciones con clientes y clientes potenciales. Las empresas suelen utilizar sus sitios web corporativos y blogs para construir autoridad y credibilidad en su campo, así como mejorar su posicionamiento en buscadores. Los motores de búsqueda como Google a menudo sitúan los sitios basándose en su calidad y la relevancia de su contenido. Por lo tanto, cuanto mejor esté clasificada una marca en Google, más posibilidades habrá de que los usuarios de Internet encuentren su sitio web y lo visiten.

Push Digital Marketing

El push digital marketing se produce cuando los vendedores envían mensajes con o sin el consentimiento de los destinatarios. Estas tácticas de marketing digital incluyen la publicidad gráfica en los sitios web y blogs. El correo electrónico, mensajería de texto y vínculos web son también considerados push digital marketing cuando el destinatario no ha accedido a recibir el mensaje de marketing. Esta práctica también se conoce como spam. Lo contrario al spam es el marketing autorizado, que utiliza las tecnologías con el permiso previo del destinatario. Los vendedores obtienen el permiso del consumidor para enviar comunicaciones a través de suscripciones o consentimiento por escrito.

Las suscripciones ofrecen la oportunidad de insertar contenido a los fans y seguidores, lo que lleva a visitar el canal de video de la marca, la página en los medios sociales o la página web corporativa. Los comunicados de prensa en texto y video también se pueden distribuir fácilmente a través de los servicios de distribución en línea. Los periodistas, bloggers y otros productores de contenidos visitan estos sitios para las noticias. Las marcas pueden aumentar el tráfico web de las publicaciones y los blogs que utilizan con sus comunicados de prensa como fuentes de información para los medios de comunicación.

Otros tipos de Marketing Digital

Una sociedad puede utilizar exclusivamente pull o push digital marketing, o puede ser que no utilice ninguna de estas estrategias. Hay otras estrategias de marketing que pueden implicar una variación de las anteriores. Por ejemplo, las comunicaciones multicanal usan ambas tecnologías simultáneamente.

COMO UTILIZAR FACEBOOK PARA POTENCIAR LA IMAGEN DE SU EMPRESA

INTRODUCCIÓN

Internet, o más concretamente, la World Wide Web, ha eliminado el tiempo y las limitaciones geográficas para los consumidores y las empresas que buscan conectarse independientemente de su ubicación física. Las redes sociales permiten que los usuarios se unan en torno a temas similares, tareas y personas.

La creación de comunidades en línea han demostrado ser blancos lucrativos para la publicidad en línea. A diciembre de 2012, Facebook contaba con más de mil millones de usuarios activos, con más de la mitad del acceso a la red social a través de un dispositivo móvil. La información personal que va desde el día del cumpleaños y la profesión, a las fotos de la familia y el rendimiento de juegos multi-usuario ayuda a los vendedores que buscan mejorar la promoción en nichos difíciles de llegar.

Además de la rápida adopción de las tecnologías de Internet entre los consumidores y las empresas, el mundo está viendo una generación de personas nacidas después de la aparición de la web comercial en la edad adulta. A menudo apodados, "nativos digitales", estas personas sólo han conocido un mundo con Internet y están tan o más cómodos interactuando con las marcas en línea en lugar de entornos offline. Más importante aún, entienden el valor de la tecnología digital y la utilizan para buscar oportunidades, ya sea para iniciar amistades, ser jueces de una marca o hacer una compra.

Tanta actividad y tanta gente en la red social suscitaron el interés de muchas empresas que todavía buscan la manera de aprovechar mejor este fenómeno.

El objetivo de este libro es aclarar un poco mejor el funcionamiento de Facebook y como puede este ayudar a las empresas a posicionarse mejor en la red.

¿POR QUÉ SU EMPRESA DEBE ESTAR EN FACEBOOK?

Seguramente ya conozca o este familiarizado con esta red social. Zuckerberg, su creador, se convirtió en una personalidad y su historia dio la vuelta al mundo. La compañía tiene sus oficinas centrales en Palo Alto, California.

Facebook tiene al rededor de 900 millones de usuarios registrados alrededor de todo el mundo. La página es la más popular para subir fotografías, con estadísticas de más de 83 millones de fotos subidas a diario.

Facebook en español fue el primer idioma distinto del inglés y el proceso de traducción se completó en febrero del 2008.

Sin embargo, las cuestiones más importantes que tenemos que responder son: ¿por qué mi compañía se puede ver afectada por ello? ¿por qué me debe importar?

ALCANCE

Milton dice en su canción que "cada artista tiene que ir donde está la gente.". Esto es cierto y no sólo para los artistas.

El marketing de una empresa también debe ir tras su público objetivo dondequiera que estén. Y créalo, hay muchas posibilidades de que ese lugar se encuentre en Facebook.

Como ya dijimos, la red cuenta con más de 900 millones de usuarios activos mensuales y está a pocos pasos de alcanzar los mil millones de usuarios. Facebook se ha convertido en una manera de llegar a muchas personas con poca inversión.

VIRALIDAD

Una característica importante es que mensaje puede propagarse fácilmente a través de las redes sociales. Para ello es necesario que este sea fácil y directo. Pocas cosas podrían ser más simples y más fácil que el "Me gusta" a disposición de cualquier página y el botón "compartir" para reenviar el contenido de un post en Facebook.

Estas dos armas pueden ayudar en gran medida a su empresa a hacer llegar el mensaje a más y más gente.

COMPROMISO

Hemos visto que hay mucha gente en Facebook y que la plataforma fomenta el intercambio de información. Además de estos dos aspectos hay otro elemento muy relevante.

Quién tiene una cuenta de Facebook sabe lo mucho que forma parte de la vida cotidiana de las personas. De acuerdo con la información de la propia empresa, más del 56% de los usuarios acceden a la herramienta a diario.

Basándonos en estos datos, podemos señalar que las posibilidades de que un usuario entre en contacto con su empresa aumentan en gran medida si esta tiene una buena presencia en la red social.

Y LAS EMPRESAS QUE VENDEN A EMPRESAS (B2B) ¿TAMBIÉN DEBEN ESTAR EN FACEBOOK?

Esta es una pregunta que se plantean constantemente este tipo de empresas. La gente cree que, ya que Facebook es una red personal, no hay tanto espacio para las relaciones más profesionales y que las empresas de B2B no cuentan con muchas posibilidades en ella.

Este pensamiento solo es verdadero para las empresas que están lanzando mensajes de venta todo el tiempo.

Hay que recordar que las decisiones de una empresa están hechas por personas y cuanto más conocen y confían estas personas en su empresa, mayor es la posibilidad de que compren alguno de sus productos o servicios... y estas personas están en Facebook.

Así que para las empresas que tienen contenido de calidad, las redes sociales son una gran oportunidad para mantener el contacto y difundir este contenido, sobre todo si tenemos en cuenta el tema mencionado anteriormente: a una red se accede con gran frecuencia, concretamente a diario, es una parte de la vida de las personas. Hay muchas posibilidades de llegar a su cliente allí y no hay ninguna razón para no hacer uso de esta ventaja y aprovechar esta oportunidad que se nos presenta.

INSTALANDO SU PRESENCIA ONLINE

PRIMEROS PASOS: CREACIÓN DE PÁGINAS

Los usuarios que quieran unirse a Facebook deben introducir la dirección y hacer su registro y, a continuación, crear un perfil.

Para las empresas, sin embargo, la red tiene una forma especial para incluirse: las páginas. Estas tienen características diferentes de los perfiles.

Cuando el objetivo es utilizar Facebook como una herramienta de marketing para una marca o empresa es el momento de crear una página en lugar de un perfil.

RAZONES POR LAS QUE ESCOGER UNA PÁGINA

LAS BARRERAS LEGALES

Facebook deja claro en su Condiciones de servicio que cada uno puede tener un perfil único y que este debe tener carácter personal. Esto significa que cualquier perfil de empresa está yendo en contra de las condiciones del servicio y, por lo tanto, se puede quitar en cualquier momento.

Desde luego, no sería provechoso para su empresa esforzarse en alcanzar una base de amigos considerable para luego perderla.

LIMITE DE CONEXIONES

Los perfiles tienen un límite máximo de 5.000 amigos. Sabemos que 5.000 contactos no es un número bajo, pero tampoco es imposible de alcanzar.

Las páginas no tienen ninguna restricción sobre el número de la gente que puede estar vinculada a ella.

PERSONALIZACIÓN

Sólo las páginas permiten editar las pestañas con el contenido que usted desee.

HERRAMIENTAS DE DIFUSIÓN

Las páginas tienen algunas herramientas que ayudan a la divulgación como el uso de anuncios, historias patrocinadas, "promover", la opción de Me Gusta y otras opciones.

Hablaremos más de estos temas posteriormente.

ANÁLISIS DE DATOS

Una página ofrece la opción de "información" (o Facebook Insights en la versión inglesa), que presenta datos demográficos (como la edad y el sexo de los fans) repercusión de la página (cuántas personas la han visitado, cuántos interactúan y están "hablando de ella") y de cada post específicamente (personas alcanzadas por ese post, número de "Me gusta", "compartir" y "comentarios").

Toda esta información es inaccesible a cualquier persona que sólo tenga un perfil.

También hablaremos más de los informes a lo largo de este libro.

CÓMO CREAR UNA PÁGINA

La creación de una página en Facebook es un proceso bastante simple.

Solamente haga clic en este enlace y seleccione el tipo de página a la que su empresa se ajusta: http://www.facebook.com/pages/create.php

Una vez escoja la opción que mas se ajusta a su negocio, deberá escoger la categoría y el nombre de la página. Posteriormente se le dará la opción de escoger una foto de perfil, que será la imagen que aparecerá al lado de cada mensaje enviado por su página.

Asimismo, siguiendo los pasos que se le indican durante todo el proceso de creación, podrá insertar la información de su empresa, invitar a sus contactos, compartir información y actualizar los datos de su portada.

Una mención especial se merece la parte de permisos. Las páginas vienen con una serie de permisos por defecto que usted podrá modificar a su antojo.

Si ya tiene una cuenta personal, será considerada la página del administrador. Si todavía no tienen una cuenta de Facebook, puede crear una cuenta específicamente para administrar el sitio.

Además, su empresa podrá designar a otras personas que ya tienen cuentas en la red como administradores.

CÓMO CONVERTIR UNA PÁGINA DE PERFIL

Si ha creado un perfil personal para su empresa y ahora se ha dado cuenta de que la mejor opción es tener una página, no hay motivo para la desesperación.

Facebook ha creado una **herramienta que convierte a páginas los perfiles de los usuarios.**

Por lo tanto, todas las personas que se encontraban como "amigos" en su perfil pasan a convertirse en "fans" de su página, con lo que todo el tiempo usado en conquistar esa base de datos no se desperdicia.

En el aspecto negativo hay que señalar que tanto las fotos como los videos, sí se perderán. Así que recuerde guardarlos para no perderlos y poder subirlos posteriormente.

LA DESVENTAJA: LA SOLICITUD DE AMISTAD

Una de las mayores quejas sobre las páginas es que no se pueden enviar solicitudes de amistad, a diferencia de lo que ocurre con los perfiles.

Para que un usuario mantenga conexión con una página, este debe solicitarlo explícitamente.

Esto se hizo para que las empresas no puedan añadir indiscriminadamente a gente que no tenga interés en la empresa.

Sin embargo, todos los beneficios ofrecidos por una página superan con creces esta "Funcionalidad menos" y mostraremos más adelante como las páginas pueden utilizar otros medios para incrementar el número de fans.

EDITE SUS AJUSTES BÁSICOS

Es probable que muchas personas que no conozcan su empresa reciban algo de contenido a través de amigos que han estado compartiendo el mensaje y sentir la curiosidad de saber un poco más sobre ella. Necesitan poder ver esta información haciendo clic en su página.

El ítem "Acerca de" (Información) es el más importante, ya que aparece destacado. En esta sección se explica exactamente lo que hace su negocio y, si considera el tráfico de visitas una ventaja importante para su sitio, escriba la dirección del mismo en él.

Aunque menos importante, recuerde también complementar con otra información como la descripción, productos y dirección, así como todo lo que es importante para su tipo de negocio.

La elección del avatar (foto de perfil) es también muy importante, ya que aparecerá en el feed de noticias de todos los que estén enlazados a su página. Si usted tiene un buen logo, déle preferencia al mismo, esto ayudará a su marca a ser más reconocida y familiar para el usuario.

También la imagen de la portada, que sólo aparece en la página en sí, puede ser usada para capturar la atención del usuario y se puede utilizar de manera más creativa. Preste atención a su imagen en la red.

ELIJA UNA DIRECCIÓN CON EL NOMBRE DE LA EMPRESA

En lugar de facebook.com/pages/124908yfabhafa87 o cualquier fuente externa, su empresa puede registrar una dirección personalizada.

Esto le ayudará a la hora de promocionar su página, sobre todo en los medios de comunicación fuera de línea. El proceso es muy simple y el único requisito es que al menos 25 personas sean seguidoras de la compañía. Utilice su círculo de familiares, amigos y empleados para alcanzar este número y a continuación haga clic en el enlace:

https://www.facebook.com/username

Si el nombre deseado está disponible, sólo hay que registrarlo. Tenga cuidado: no se puede cambiar más tarde, así que dedique el tiempo oportuno para escogerlo.

HACIENDO USO DE SU PÁGINA

UTILICE LA CAJA LIKE BOX EN SU SITIO WEB

Las personas que ya visitan su sitio y a las que les gustan sus contenidos son más propensas a compartir sus contenidos. Colocar una Like Box es una buena manera de mostrar a estas personas que existe su página y facilitar el clic en compartir.

Aspecto que suele tener una Like Box

Otro efecto secundario de la caja es la de transmitir más credibilidad a los visitantes del sitio mostrando el rostro de personas que conocen a las que les gusta la página (el llamado "social proof").

Obtenga el código en: https://developers.facebook.com/docs/reference/plugins/like-box/

Comparta en su propio perfil personal y pida a otros empleados, amigos y familiares que compartan también la información.

A pesar de que estas personas no son el público objetivo de su negocio, es importante contar con ellas para generar un poco de credibilidad a las próximas personas que visitan su página. Los usuarios se darán cuenta de que hay otras personas que conocen y confían en su empresa y esto ayudará a generar confianza y credibilidad en su proyecto.

Además, cuando esas primeras personas comparten la página, los amigos pueden verlo en el feed de noticias causando que nuevas personas descubran la página. Esto no debe aumentar significativamente sus números pero es importante en el comienzo.

Un punto importante aquí es el que ya hemos mencionado: necesitamos 25 personas para poder registrar una dirección URL personalizada. Así que estos primeros "fans" son de gran importancia para poder seguir avanzando en la configuración de su página.

Utilice otros canales de comunicación que su empresa tenga disponibles

Si su empresa ya tiene un público, como una base de suscriptores de un boletín de noticias, un buen número de seguidores en Twitter o incluso cierto alcance en canales offline, utilícelos para hacer saber la creación de su página y aumentar el número de personas que conocen este hecho.

Cómo estas personas ya conocen a su empresa, hay una mayor probabilidad de que les guste y profundicen aún mas la relación.

Cree promociones

Las promociones generalmente funcionan bien en las redes sociales y se propagan con facilidad.

Sorteos, cupones y concursos de la mejor foto o mejor frase para ganar un producto o servicio en particular siempre son atractivos y pueden obtener muchos "Me gusta" y "compartir" para su empresa.

Sólo debe tener cuidado con las normas de uso de Facebook. Muchas personas no saben, por ejemplo, que el "Me gusta" no puede servir como mecanismo de voto o entrada en una rifa. Hay varios detalles que usted puede ver en las **directrices de promociones en Facebook** (en Inglés).

Las ofertas deberán hacerse a través de una ficha específica para esto, que veremos más adelante.

Otra cuestión que debe tener en cuenta es que la oferta debe estar relacionada con lo que hace su negocio o con su audiencia. En caso contrario puede ocurrir que personas que no tienen nada que ver con el propósito de su negocio entrarán sólo para participar en la búsqueda del premio sin interesarse realmente en la compañía y sin generar ningún beneficio para la misma.

Comprar anuncios en Facebook

Si se hace bien, las campañas de anuncios en Facebook (facebook.com/ads) pueden funcionar muy bien en provecho de la página. Al igual que con cualquier otro tipo de publicidad, sin embargo, se debe estudiar el tema con cuidado para evitar perder dinero.

Cuanto mayor sea el CTR (click through rate en los anuncios), menos va a pagar su empresa por clic. Por lo tanto es esencial probar mucho, con diferentes combinaciones de textos e imágenes, para analizar los que muestran una mejor respuesta.

Intente también segmentar a la audiencia correcta y alcanzar justo a aquellas personas que tratan de su tema, ocupan una posición que le interesa o le gustan las páginas que son similares a la suya.

Si su empresa tiene algo especial que ofrecer a las personas que llegan a través del anuncio, sus posibilidades de eficacia también se incrementan.

También influye mucho el desempeño de la página en sí, además del anuncio. Un logo profesional, buenas descripciones y contenido relevante entre las últimas publicaciones ayudarán a hacerlo todo más atractivo.

Por otra parte, ninguno de los consejos funciona si la página no es interesante y no publica contenido relevante con frecuencia que atraiga y retenga el interés de los usuarios de la red.

CONTENIDO

El contenido generado por el consumidor fomenta la colaboración y el discurso, así como la conversación básica entre las personas y entidades con los mismos intereses, preocupaciones o profesiones. La capacidad de la web para eliminar las restricciones geográficas y de tiempo ha abierto más puertas para aumentar la colaboración y el intercambio entre los usuarios y las organizaciones que están físicamente separadas pero conectadas digitalmente. Esto ha producido un tesoro de conocimiento del consumidor para las compañías que buscan aumentar el conocimiento de la marca y construir relaciones con los clientes a través de múltiples interfaces y canales de comunicación.

EL CONTENIDO EN FACEBOOK: ¿QUÉ MENSAJE PONER?

Ciertamente el marketing digital es muy diferente de los medios tradicionales. En la radio o en el periódico es más fácil comprar la atención del público. En los medios de comunicación social hay que ganárselo. Si lo que publica no es muy atractivo para el usuario, no hay ninguna razón para que continúe siguiéndolo a usted y mucho menos, para compartir y difundir su mensaje.

Su marca debe comunicar lo que el cliente quiere oír, no lo que usted quiere escuchar.

TIPOS DE CONTENIDO QUE PUEDEN SER PUBLICADOS

LAS NUEVAS ENTRADAS DEL BLOG

Nos gusta ver los medios sociales como un buen canal de distribución de contenido de los blogs. Las personas que disfrutan de su página pueden agradecer ser los primeros en recibir un nuevo post.

Claro que para esto ocurra, es esencial que el contenido de su blog sea atrayente y se mantenga actualizado.

HAGA PREGUNTAS, ENCUESTAS O PIDA SUGERENCIAS

Tanto usando el mecanismo de preguntas de Facebook en sí, como en post simples que estimulen respuestas en los comentarios, la práctica de alentar la participación del usuario a menudo está muy bien considerada y ayuda en el Edge Rank, aspecto que vamos a ver pronto.

Hay algunas variaciones como juegos de "llenar el vacío", que son utilizados principalmente por las grandes empresas.

Es importante analizar lo que se ajusta mejor a su empresa. Si usted tiene una empresa de software no tiene sentido enviar

mensajes como "Buenos días" o "¿Qué vais a comer hoy?".
Mantenga el foco en el tema de su mercado.

Evalúe también la cantidad de personas que han visto sus
mensajes. Si no tiene un número mínimo razonable, su empresa
estará en el vacío y no valdrá la pena exponerse.

FOTOS Y VIDEOS

Es increíble la diferencia en las interacciones con fotos y videos,
en relación a otros tipos de Mensajes de Facebook.

Las imágenes llaman mucho más la atención y se destacan en el
servicio de noticias de los usuarios. Su empresa debe tomar
ventaja de ello y hacer uso de las mismas.

CITA

Seguramente ha leído libros sobre su mercado, así como blogs y
/o asistido a conferencias.

No cuesta nada separar y difundir algunas buenas citas en su
página. Es el tipo de contenido que a nadie disgusta y que suele
resultar interesante y propenso a ser compartido.

CONSEJOS RÁPIDOS

Esta es otra de las cosas que siempre funcionan bien. A la gente le gusta recibir consejos e ideas de rápida lectura.

Trate de reunir una colección de consejos cortos y programar la publicación de citas interesantes en su página. La SOAP proporciona un gran ejemplo de ello.

THE EDGE RANK

THE EDGE RANK Y SU IMPORTANCIA

Tenemos una noticia no muy buena para su empresa: sólo porque a un usuario le gusta su página no va a recibir todo el contenido que su organización publica. De hecho, el rango medio de una publicación en Facebook es de sólo el 12% del número total de personas que compartieron la página.

Todos tenemos muchas conexiones en Facebook y sería muy difícil seguir todo lo que las personas y páginas publican. Por lo tanto, Facebook trató de echar una mano en esta cuestión y creó el famoso Edge Rank.

El Edge Rank es un algoritmo diseñado para filtrar la información en nuestro servicio de noticias y mostrar sólo lo que es más relevante.

Para llevar el mensaje a más personas y asegurar los mejores resultados para su empresa, es necesario entender un poco mejor ese algoritmo y luego aprender a usarlo.

¿CÓMO FUNCIONA?

El Edge Rank toma en cuenta básicamente tres factores: Afinidad, Peso de la publicación y Tiempo (Fecha y hora de publicación).

Afinidad: Este aspecto tiene por objeto evaluar la afinidad entre la persona y la página que le gusta. Esto se mide principalmente por interacciones que tuvo con su página como Me gustas, compartir, comentarios u otras acciones.

Páginas vistas, clics en los enlaces y visualización de fotos también pueden ayudar a aumentar la afinidad.

Peso: Este aspecto trata de evaluar cómo es de interesante la publicación. La información procede de la popularidad del mensaje por los clics, "Me gusta", "compartir" y comentarios recibidos. Fotos y videos también tienen más peso que los vínculos o textos sencillos, por ejemplo.

Tiempo: Este aspecto es bastante obvio. Facebook favorece los mensajes más recientes en el feed de noticias y lo que lleva tiempo publicado acaba quedando atrás.

¿CUÁLES SON LAS IMPLICACIONES?

LA CALIDAD ES MEJOR QUE LA CANTIDAD

En lugar de publicar varias cosas a lo largo del día que pueden pasar inadvertidas, es mejor publicar pocos post que sean capaces de llamar la atención de los usuarios y generar muchas interacciones.

DEBE HABER MÁS PUBLICACIONES INTERACTIVAS Y LLAMADAS A LA ACCIÓN

Ya señalamos que debe hacer preguntas, encuestas y buscar opiniones para ayudar a aumentar el peso del post y la afinidad con la página. Incluso los mensajes controvertidos, que pueden suscitar un debate, pueden contribuir a ello.

Además, las llamadas a la acción deben estar presentes. Animar al usuario a compartir, comentar o darle a Me gusta puede ser el incentivo necesario para que pueda desempeñar este tipo de acción que ayuda a propagar los posts.

LOS MENSAJES DEBEN UTILIZAR FORMATOS QUE LLAMEN MÁS LA ATENCIÓN

Como ya se ha mencionado anteriormente, las imágenes tienen un peso más alto y son más visualizadas. Para tomar ventaja de esto, una práctica que muchas empresas hacen es, en lugar de compartir el enlace, compartir una imagen que representa el contenido y mostrar el vínculo en el título.

MANTENER UN FORMATO MÁS LIMPIO SI ELIGE ENLACES

Al pegar un enlace en el muro, Facebook tira de la información desde este enlace y muestra el título, una descripción y, en su caso, una imagen de la página.

Lo que mucha gente no sabe es que se puede eliminar el vínculo después de haberlo atrapado, y los aspectos más destacados están todavía allí, dejando lo visual y menos contaminado.

ELEGIR BUENOS HORARIOS DE PUBLICACIÓN

Como ya se ha indicado, el tiempo es un factor que toma en consideración el Edge Rank y publicar un post en el momento en el que hay más personas en línea aumenta enormemente la probabilidad de que el mensaje se esté viendo y compartiendo. Nuestra recomendación es probar algunas variaciones. Los resultados pueden sorprenderle.

Con la confirmación de los mejores momentos, utilice el software para programar los mensajes y no correr el riesgo de olvidar y dejar que esos horarios se desperdicien.

UTILICE LA OPCIÓN "PROMOCIÓN"

Para ampliar el alcance de los anuncios, Facebook lanzó hace algún tiempo la herramienta "promover" (o "Promote" en Inglés), disponible para las páginas que tienen por lo menos 400 personas con Me gusta. Con esta herramienta una actualización de estado aparece en el feed de noticias de personas que no verían el mensaje orgánicamente.

Lo interesante es que muchas personas que no estaban viendo las entradas recientes vuelven a ver, dar Me gusta e interactuar con la página, aumentando así el Edge Rank y las visualizaciones.

Así que, con cierta frecuencia, puede valer la pena elegir el contenido con una mayor oportunidad de destacar e invertir un poco de tiempo en esta función, ayudando así a que alguna gente vuelva a la página.

PESTAÑAS Y APLICACIONES

Una de las ventajas que mencionamos antes, que sólo ofrecen páginas, es la posibilidad de personalización mediante la creación de fichas.

La personalización se realiza mediante aplicaciones iFrame, que son, básicamente, un documento HTML dentro de otro documento HTML.

El resumen de todo el proceso es como si pusiera el contenido de una página de Internet dentro de Facebook. Por lo tanto, todo lo que un sitio web puede tener puede convertirse en una aplicación HTML. La única advertencia es que el ancho de pantalla que Facebook es más limitado (810 píxeles).

Cada página puede tener un máximo de 12 solicitudes, de las cuales 4 de ellas se presentan en forma destacada en la Línea de tiempo.

Con la excepción del álbum de fotos, podemos elegir cuáles son las otras tres pestañas / aplicaciones que deseamos estén resaltadas.

Cómo es posible poner cualquier contenido busque elementos que tengan sentido para su empresa.

Antiguamente era muy común crear páginas de bienvenida y utilizar el Like gate (para ofrecer contenidos para los fans solamente). Sin embargo, cuando Facebook cambió el diseño de las páginas de línea de tiempo, era imposible dirigir una aplicación estándar como el punto de partida de una página.

Por lo tanto, el uso de páginas de bienvenida y el Like gate "pasó de moda", y de hecho por lo general no suelen valer la pena, con una excepción: el caso de que su empresa compre anuncios. Sólo así puede dirigir al usuario a la aplicación específica y la conversión en "Me gusta" aumenta mucho cuando utilizamos esta característica.

La creación de una aplicación propia requiere conocimientos en programación de los que no vamos a hablar aquí ya que no es el objetivo de este libro. Hay software que facilita la creación dejando de lado complejidades técnicas. Un ejemplo de esto es el iFrame App de WildFire, que es gratuito y ya incluye el Fan Gate. Su empresa sólo debe escoger la imagen o código HTML a ser mostrados en la aplicación.

INTEGRACIÓN DE APLICACIONES EXISTENTES

Además de las aplicaciones personalizadas, ya existen diversas funcionalidades con aplicaciones gratuitas y listas para ser utilizadas, basta con configurar su cuenta.

A continuación, indicamos algunas de las más famosas:

Livestream – Aplicación para crear y mostrar transmisiones en vivo

http://apps.facebook.com/livestream/

FAQ – Aplicación para editar y hacer disponibles las preguntas más frecuentes para su empresa

http://www.facebook.com/faqpage

Contacto – Aplicación con formulario de contacto para su email

http://www.facebook.com/contacflorms

ANÁLISIS

ANÁLISIS Y FACEBOOK INSIGHTS

Como se ha mencionado anteriormente, otra ventaja de las páginas es ofrecer un informe de rendimiento de la página: Facebook Insights.

La información ayudará a analizar lo que ha funcionado bien en su página y como Facebook ha contribuido en el enfoque de marketing digital de su empresa.

Su empresa debe seguir algunos elementos del informe:

Alcance semanal

Este artículo indicará el número de personas que visitan su contenido: una manera indirecta de mostrar cómo va el Edge Rank. Cuando empieza a caer, puede ser el momento de utilizar la opción de "Promover" o crear algún contenido especial.

Evolución del número de personas que dan Me gusta a la página

Evalúe cómo está el creciente número de personas que dan "Me gusta" a su página, y vea también, en la esquina derecha de la subsección "Me gusta", el origen de las personas que clican en "Me gusta" en su página.

Información de la repercusión de cada uno de los posts

Es posible verificar la repercusión que generó cada uno de los post de la página. En el menú de informaciones, verifique el alcance del mensaje (cuantas personas vieron el post en el feed de sus noticias) y usuarios envueltos (cantidad de usuarios que clicaron en su post).

Esos datos van a ayudar a su empresa a entender lo que mejor funciona (tema del post, asunto, hora de publicación) y permitirle ajustar el contenido.

Dados demográficos de los visitantes

No todas las empresas estarán interesadas en esta sección, pero para algunas es importante saber cual es la franja de sexo, edad y localización de aquellas personas interesadas.

Eses datos pueden ayudar en la producción de contenido.

Datos de acceso a su site

Además de eso, mucho mas importante que los "Me gusta" es el impacto de Facebook en su negocio.

Lleve un registro de la cantidad de tráfico y la conversión que genera su página de Facebook para su empresa. Así podrá medir el rendimiento real de la inversión.

LINKEDIN

INTRODUCCIÓN

LinkedIn es una de las redes sociales que se utilizan para actividades comerciales, laborales y profesionales. Proporcionan conectividad e interacción con otras redes sociales como los blogs, Facebook y Twitter. LinkedIn permite a los miembros crear perfiles profesionales para ellos mismos, así como para su negocio, proporcionando a sus miembros la oportunidad de generar ventas y asociaciones empresariales en todo el mundo.

Fue fundada en diciembre de 2002 y lanzado en mayo de 2003. En marzo de 2013, disponía de más de 200 millones de usuarios registrados, de más de 200 países, que abarcan todas las empresas de la lista de la revista Fortune de las 500 mayores empresas estadounidenses.

Este apartado le llevará a través del proceso de configuración de su cuenta de LinkedIn y la creación de su perfil. Desde aquí le mostramos varias maneras en las que usted puede utilizar LinkedIn para expandir y hacer crecer su negocio.

¿Sabía usted que incluso un profesional independiente puede añadir su propia empresa al enorme catálogo de LinkedIn? ¿O que usted puede agregar sus propios productos y servicios, junto con descuentos y cupones especiales? Si la respuesta es negativa, va a hacer un gran viaje mientras realiza la lectura de este libro.

EMPEZANDO A TRABAJAR CON LINKEDIN

Todo lo que necesita para crear su cuenta de LinkedIn está en la versión gratuita. Esto es perfectamente suficiente para el desarrollo de buenas relaciones de negocios dentro de su mercado. Lo más probable es que usted ya tenga una cuenta configurada, si no es así, sólo tiene que seguir las instrucciones básicas para obtener una y a continuación continuar la lectura de este libro.

CÓMO CONFIGURAR SU PERFIL

Su perfil en LinkedIn es extremadamente importante. Las palabras que se utilizan para describir sus servicios y clientes son utilizados por LinkedIn como palabras clave. Así que mediante la aplicación de los términos correctos en su perfil su empresa puede aparecer más elevada en los resultados de búsqueda.

Por favor, tenga en cuenta que los resultados de búsqueda para LinkedIn se basan en las conexiones. Así que si bien es importante conseguir un buen número de conexiones, usted no debe iniciar spamming a personas. Esto no crea buena imagen además de que puede ocasionarle problemas con LinkedIn.

Debe tomarse el tiempo necesario para llenar el área de especialidades de su perfil. Si usted es un diseñador gráfico, debe utilizar los términos adicionales correspondientes para describir su trabajo. Esto incluiría el uso de términos tales como:

- Diseñador gráfico

- Diseño de Mini-sitio

- Diseño de banners

- Creación de portada de libros

- Covers Kindle

Si usted fuera un escritor entonces debería agregar:

- Escritor independiente

- Escritura sustituta

- Autor de libros

- Escritor de artículos

En la sección Experiencia puede listar sus clientes actuales. Usted deberá incluir su nombre y la fecha en que comenzó a trabajar para ellos, sólo que no incluye la fecha de finalización o de su URL del sitio web a menos que desee vincularse a ellos.

USO DE LAS APLICACIONES DE LINKEDIN

Hay ciertas aplicaciones en LinkedIn que puede aprovechar. Las siguientes son sólo una muestra de las que usted podría usar:

- Caja neta - para compartir informes

- Wordpress - Agrega los últimos mensajes de su buzón

- Google Presentation - le permite añadir una presentación de PowerPoint o un video a su página de perfil

- Display Portfolio - le permite publicar muestras de su trabajo

Todas estas aplicaciones tienen el potencial de convertirse en una fuente de generación de oportunidades. Por ejemplo, puede cargar un informe que vincula a una página de enlace. A continuación, la persona introduce su dirección de correo electrónico para recibir más información o para unirse a su lista de correo, y ¡listo! Usted está construyendo su lista.

CREACIÓN DE REDES CON LINKEDIN

CÓMO HACER CRECER SU RED

Su primer objetivo es hacer crecer su lista de conexiones. Una forma fácil es unirse a algunos grupos dentro de LinkedIn. Usted puede encontrar fácilmente los grupos de su segmento y unirse junto con grupos locales. También puede unirse a grupos que podrían utilizar sus servicios. Si usted ofrece coaching o diseños gráficos a continuación, busque grupos que necesitan este tipo de servicios.

Asegúrese de conectar sus cuentas de Twitter o Facebook y LinkedIn juntas. De esta forma cuando se actualiza el estado de forma automática será avisado. Es una buena idea utilizar la función de estado tanto como sea posible. Usted puede simplemente indicar que está trabajando en un sitio web con los clientes o la creación de un nuevo producto o escribir un nuevo artículo o informe. Eso demuestra a la gente que está utilizando activamente su perfil.

CÓMO POSICIONARSE EN SU SECTOR

Su principal objetivo es posicionarse como un líder dentro de su negocio o nicho. También debe considerar cuál es su meta. ¿Es para encontrar clientes y / o potenciales socios de negocios?

Una vez determine quién es su público objetivo puede ofrecerles contenidos adecuados. Esto puede ser en forma de informes, artículos, libros electrónicos e incluso vídeos.

Recuerde que usted debe orientar su competencia, así como otros socios de negocios. Al compartir su información de esta manera usted será visto como una fuerza a tener en cuenta. ¡Usted podría fácilmente tener conocimiento sobre cierto aspecto clave que incluso su competidor aprecia!

Otro tipo de contenido que se puede compartir con estas personas son las tendencias actuales y futuras para su industria. Por ejemplo, escribir un blog sobre sus pensamientos y expectativas y luego compartirlo con sus conexiones.

El contenido que se comparte, no necesariamente tiene que ser suyo el 100% del tiempo. Es una gran idea compartir contenidos de otros miembros en su industria, junto con notas sobre sus pensamientos de cómo este servicio o producto podrían afectar a su negocio.

El resultado será una mayor apreciación de su empresa y será considerado como un líder en su industria. ¡Esto es exactamente lo que queremos que suceda!

Si usted encuentra que está recibiendo buenos comentarios de sus comentarios, entonces debería actuar y proporcionarles un seminario web o seminario. Esto se puede configurar fácilmente en línea o fuera de línea, dependiendo de su mercado.

A medida que se le reconozca como un líder puede que desee separar su sitio web para que tenga dos sitios enfocados. Un sitio se centrará en sus clientes, sus necesidades y deseos. Mientras que el otro le definiría como un líder de negocios y, posiblemente, pueda llevarlo a contratos para hablar en público o coaching.

LINKEDIN ANSWERS

El uso de esta función en LinkedIn es la manera perfecta para posicionarse como un líder en su industria o nicho. Sólo le llevará unos minutos cada día entrar en esta sección y empezar a responder a algunas preguntas. La gran ventaja de esto es que LinkedIn promueve las mejores respuestas cada semana. Si usted está en la lista de los mejores, entonces su nombre aparecerá bajo la lista de los expertos destacados cada semana. Esta es una gran manera de obtener reconocimiento.

Para ahorrar tiempo cada día usted puede hacer una búsqueda rápida y marcar la casilla para que sólo aparezcan preguntas sin respuesta. Entonces es sólo una cuestión de ir a revisando cada una de ellas y dar una respuesta útil.

Haga uso de esta sección examinando las preguntas típicas en su industria cada día o semana. Esto podría generar ideas para la producción de un nuevo producto o informar de lo que se puede vender o regalar para construir su lista.

GRUPOS DE LINKEDIN

La función de grupo en LinkedIn puede ser muy poderosa para su negocio. Simplemente haga clic en el directorio de grupos y verá una lista enorme de posibles grupos a los que se puede unir.

Debido a que esta lista es muy grande LinkedIn recomienda en realidad los Grupos que le podrían gustar. Esto se basa en la información que proporcionó en su perfil. Estos serían los grupos que están estrechamente relacionados con su industria y aquellos más beneficiosos para su negocio.

Una vez que encuentre un grupo al que le gustaría unirse simplemente haga clic en el botón de unirse al grupo. A continuación, aparecerá el mensaje: Su solicitud está pendiente de aprobación. Una vez este aprobada, usted recibirá una notificación en su cuenta de correo electrónico. A continuación, puede empezar a participar en el grupo.

Una vez que ha estado activo durante un tiempo usted puede preguntar a otros miembros si están interesados en tener publicaciones en el blog o publicar artículos, informes o cualquier otra información que usted puede utilizar en su sitio. Muchos líderes de la industria pueden estar interesados en la oportunidad de escribir un post o artículo de blog para usted. Esto le proporcionará un contenido único y le dará por lo tanto exposición adicional.

Recuerde que LinkedIn es un sitio social para compartir y estar activo, con lo que son buenas maneras de darse a conocer.

También puede crear su propio grupo de LinkedIn, pero debe estar preparado para controlar y dirigir el grupo en una base diaria. Esto podría ser otra gran manera de mostrar a la gente cómo usar su producto o servicio para mejorar sus negocios. Usted no tiene que venderse sólo a sí mismo en este grupo. Dar a conocer consejos y ser de utilidad para otros, le volverá a ayudar a fortalecer su posición como un líder dentro de su industria.

El gran beneficio de la creación de un grupo es que da acceso a una herramienta de difusión de correo electrónico de forma gratuita. Si se utiliza correctamente esto podría ser de gran valor para su negocio.

CÓMO ENCONTRAR A JV PARTNERS

Encontrar JV Partners en LinkedIn se puede hacer de varias maneras.

- Mediante el establecimiento de usted mismo como un líder

- Mediante la búsqueda de empresas líderes de la industria específicas

- Unirse a grupos similares a su industria

- Uso de la función de búsqueda avanzada LinkedIn

Hacer uso de la función de búsqueda avanzada es lo que usted debe usar después de haberse posicionado a sí mismo dentro de su industria. Las personas son más propensas a aceptar su solicitud JV si es visto como una figura de autoridad.

LinkedIn le proporciona una manera fácil de buscar en LinkedIn Partners. Vamos a explicar de forma sencilla cómo utilizar esta característica a continuación:

Vaya al cuadro de búsqueda junto a la palabra People en la parte superior de la página.

Haga clic en la palabra Advanced.

Ahora verá una lista de los campos en los que puede buscar por.

Puede utilizar las palabras clave para buscar por títulos de trabajo o específicas. Usted puede utilizar las variables NOT y OR para definir exactamente lo que está buscando:

Por ejemplo:

Personal Trainer NOT coach

Self Employed OR Company CEO

Si usted está buscando una persona local o alguien que comparte ciertos intereses todos estos pueden ser especificados en los términos de búsqueda.

Una vez que tenga los criterios de búsqueda establecidos puede guardar los resultados. Esto luego se coloca debajo de la ficha de resultados guardados en su cuenta. A continuación, puede volver a ejecutarla tan a menudo como desee. La otra opción es configurarlo para que su búsqueda se ejecute de forma automática cada semana o mes y luego LinkedIn le enviará por correo electrónico los resultados a usted.

Este es un gran método a utilizar para la búsqueda de socios y una vez establecido se ejecutará por su cuenta. El uso de herramientas como esta es una gran manera de automatizar ciertos aspectos de su negocio y de los que se debe aprovechar.

CÓMO HACER INVESTIGACIÓN DE MERCADO

Una manera fácil de realizar estudios de mercado en LinkedIn es mediante la utilización de su sección de respuesta (Answer Section), que cubrimos con más detalle en el presente libro.

La función de búsqueda también puede proporcionarle una lista de clientes potenciales, clientes y otras empresas de la misma industria. Usted puede descubrir el nombre de una empresa grande para la que su producto o servicio sería perfecto.

RECOPILAR DATOS

Lo que puede hacer es utilizar la sección de preguntas y respuestas para su propio beneficio. Basta con hacer varias preguntas sobre un tema sobre el que le gustaría publicar un informe. De esta forma usted puede utilizar las respuestas como base para el informe. Es posible que desee dar crédito a cualquier información excepcional que usted ha recibido.

Esto le daría suficientes datos para publicar su propio informe autorizado. ¡O generar ideas para crear un nuevo producto!

ENCONTRAR EXPERTOS PARA ENTREVISTAR

Puede utilizar la función de búsqueda avanzada para averiguar quiénes son los expertos en su industria y luego solicitar una entrevista con ellos. A continuación, puede utilizar esta entrevista y crear una grabación de ella para compartir con sus lectores o para otras ideas promocionales.

Al hacer clic en una determinada empresa puede ver todos sus detalles. En la parte derecha se puede ver la zona de las interesantes estadísticas sobre cada empresa. Esto le puede proporcionar un montón de información sobre el negocio. Esta sección le permitirá ver cuántos empleados se van o entran en la empresa.

CÓMO PROMOVER EVENTOS

Usted puede promover diferentes tipos de eventos en LinkedIn y esto se puede hacer mediante la búsqueda de conexiones en su industria. Usted debe dirigirse a las asociaciones, organizadores de conferencias, organizadores de eventos y cualquier otro grupo que podrían utilizar sus servicios o productos.

Si uno de sus objetivos es conseguir la atención de los medios deberá esforzarse en conectar con los bloggers, los periodistas y las empresas de comunicados de prensa.

Para promocionar sus eventos simplemente puede enviar los detalles a todas sus conexiones. Otra forma de hacerlo es añadir la aplicación de eventos a su página de perfil. Esto le permite hacer publicidad de todos sus eventos para que todos la vean.

Esta aplicación también le permite buscar eventos similares en su industria. Esto puede ser una gran manera de ver la forma en que anuncian cada evento. Usted puede obtener algunas buenas ideas de promoción de esta manera.

Al hacer clic en agregar un evento a una nueva pantalla aparece donde se pueden enumerar todos los detalles pertinentes. Incluso se puede indicar si se trata de un evento virtual o no. Usted puede añadir el lugar, el tiempo, si usted es el organizador o si en realidad está asistiendo al evento o el nombre de la persona que está asistiendo como su representante.

Al hacer clic en el botón de añadir más detalles usted puede proporcionar una descripción del evento. En esta sección se puede incluir un máximo de 20 palabras clave y 20 títulos de trabajo para las recomendaciones para quienes deben asistir al evento. Esto le ayudará a mostrarlo en la función de búsqueda para el que busque un evento para asistir.

Una vez que esté satisfecho con los detalles que usted puede publicar sobre el evento todas sus conexiones tendrán la capacidad para ver los detalles. Las empresas de LinkedIn en la pestaña empresas en LinkedIn verán una lista de todas las empresas de este directorio. Usted puede buscar fácilmente empresas para encontrar socios comerciales o futuros partners.

ADICIÓN DE SU PROPIA EMPRESA

Esta es una clara forma de introducir su propio nombre de empresa dentro del directorio de LinkedIn. Simplemente haga clic en la pestaña Agregar empresa y rellene sus datos. El único requisito es que usted debe ser un empleado actual de esta compañía. Así que para cualquier persona con un negocio es fácil entrar en la lista. Esto le proporcionará una mayor exposición para su empresa.

Una vez que haya confirmado su compañía ahora está listo para personalizar su listado. Se le enviará un correo electrónico que usted tiene que confirmar. Usted debe agregar lo siguiente en su página:

- Logotipo de la empresa

- Descripción de la empresa

- Ofertas Especiales

- Número de empleados en su caso

- Dirección del sitio web

- Categoría Industrial

- Año en el que fue creada la compañía

- Ubicación

- Twitter ID

- RSS Feed

A continuación, debe visitar la pestaña Productos y Servicios. Esto le permite que agregue sus productos y / o servicios a su perfil de empresa. Puede agregar y explicar las principales características de un producto. Se puede incluir un vídeo de YouTube. Otra gran característica es que se puede ofrecer una promoción especial para un producto o servicio si así lo desea. De esta manera se puede ofrecer algún tipo de incentivo a la gente que usted ha encontrado a través de su página de LinkedIn.

Su página de la compañía también incluye una página de análisis que le permite ver quién está visitando su perfil de empresa.

EL USO DE LINKEDIN PUBLICIDAD

Siempre y cuando usted tenga una cuenta gratuita con LinkedIn puede utilizar su función publicitaria. El único requisito es tener una tarjeta de crédito para pagar el coste de su anuncio. Al hacer el anuncio usted tiene la posibilidad de seleccionar a su público objetivo y su presupuesto de publicidad. El sistema de anuncios funciona en pago por clic o por el sistema de impresión. Usted sólo paga por los clics que reciba.

Se tarda aproximadamente 24 horas para que su anuncio sea aprobado. Este tiene que cumplir con ciertas pautas:

- No mentir ni engañar a la gente en su anuncio

- Utilizar la gramática y la puntuación estándar y no repetir las palabras en su anuncio

- Sólo los anuncios en inglés son aceptados y deben contener lenguaje aceptable

- La URL visible debe coincidir con la URL de destino

- No se permite ninguna mención de LinkedIn en su anuncio

- Los anuncios de afiliados de cualquier tipo son permitidos

LinkedIn también tiene una extensa lista de temas de lo que no se le permite usar. Para ver la lista completa sólo hay que visitar la página donde están contenidas las pautas de publicidad y ver los detalles completos.

Su anuncio tendrá que tener los siguientes elementos:

- Encabezado - hasta 25 caracteres de texto

- Descripción - hasta 75 caracteres de texto

- Desde - el nombre de la empresa

- Imagen - se permite un píxel de 50 x 50

- URL - enlace a su página web

Su anuncio puede ser visto en una amplia variedad de lugares en LinkedIn. Esto podría incluir todos o algunos de los siguientes:

- Página de perfil

- Página de inicio

- Bandeja de entrada

- Resultados de búsqueda

- Grupos

Usted debe seleccionar quien puede ver su anuncio y esto se puede hacer por los siguientes criterios:

- Puesto de trabajo

- Función laboral

- Industria

- Geografía

- Tamaño de empresa

- Nombre de compañía

- Antigüedad

- Edad

- Género

- Grupo en LinkedIn

Nota: Una vez que usted comience a crear un anuncio LinkedIn le aconsejará sobre cuales son sus mercados objetivos y hará una estimación del tamaño de su audiencia. Ellos también le aconsejarán sobre el costo de su campaña.

Hay una tarifa de activación de una sola vez para el uso de los anuncios de LinkedIn, y que está en torno a los $ 5. Se le cobrará en su tarjeta de crédito el coste de su anuncio en función de la cantidad de clics que recibe. Así que potencialmente podría ver todos los días o semanalmente cargos.

No existe un compromiso o requisitos necesarios para ejecutar su anuncio a largo plazo. Para activar su anuncio fuera simplemente inicie sesión en su LinkedIn Ads Dashboard. Usted tiene el control completo sobre todo.

SU PERFIL DE LINKEDIN BADGE

Ahora que usted se ha tomado el tiempo y esfuerzo necesario para configurar su cuenta de LinkedIn puede hacer uso de su perfil Badge. Esto se puede encontrar haciendo clic en el botón de editar su perfil y luego desplazándose hacia abajo hasta el final de la página. En el lado derecho verá un enlace para Insignias perfil. Haga clic sobre él y luego seleccione el tipo de divisa que desea utilizar.

A continuación, puede añadir el código en su sitio web o blog y lograr que sea muy fácil para sus lectores y clientes conectarse con usted a LinkedIn.

También puede añadir esta imagen a su cuenta de correo electrónico si así lo desea.

En primer lugar, copie el código de la imagen que desea utilizar y guárdelo en un archivo de bloc de notas.

Usted sólo tiene que utilizar la dirección real de la imagen de modo que copie de la sección de http:// los finales de png. Esta es la URL que debe añadir a su firma.

Para los usuarios de Gmail, simplemente vaya a la configuración de su cuenta y luego haga clic en el cuadro de configuración de la firma.

Haga clic en insertar imagen

Introduzca la URL de su archivo de Bloc de notas

Si es correcta la imagen aparecerá automáticamente en el cuadro

Luego, haga clic en Ok

Haga clic en la imagen y luego en el botón de hipervínculo

Inserte su dirección de perfil de LinkedIn

Compruebe el enlace que debería abrir directamente a su página de perfil

Guarde los cambios y su placa LinkedIn aparecerá ahora en su archivo de firma

Ahora, cada vez que envíe un correo electrónico estará mostrando su cuenta de LinkedIn.

Esperamos que este libro le haya dado algunas ideas sobre cómo utilizar LinkedIn para potenciar su negocio. Usted puede sorprenderse y encontrar características adicionales que usted no sabía que LinkedIn ofrece.

Sólo recuerde que LinkedIn es un sitio social e incluye a todos los miembros de las compañías de Fortune 500! Esto sólo sirve para demostrar lo mucho que valoran sus perfiles de LinkedIn.

Adquiera el hábito de usar LinkedIn de forma regular, ofrecer nuevos productos o servicios que hagan que su perfil sea visitado.

En el área de perfil, haga clic en la pestaña Noticias y manténgase al día con todos los nuevos acontecimientos en LinkedIn.

El aspecto de LinkedIn está cambiando, no piense que es sólo para las empresas de gama alta. ¡En marzo de 2011 LinkedIn alcanzó los 100 millones de miembros! Eso por sí solo debería ser más que suficiente para motivarle a hacer un buen uso de su perfil de LinkedIn.

Así que tómese un par de horas hoy o mañana y cree su perfil, agregue su empresa y una lista de todos sus productos y servicios. Alguien podría estar buscando lo que usted tiene que ofrecer.

¡Buena suerte!